Quello che volevano nascondervi

REINCARNAZIONE

Un dono di grazia della vita
Il viaggio della mia anima: dov'è diretta?

Quello che volevano
nascondervi

REINCARNAZIONE
Un dono di grazia della vita

Il viaggio della mia anima:
dov'è diretta?

Edizioni Gabriele
La Parola

Reincarnazione
Un dono di grazia della vita

2a edizione italiana
settembre 2021
© Gabriele-Verlag Das Wort GmbH
Max-Braun-Str. 2, 97828 Marktheidenfeld, Germania
www.gabriele-verlag.com
www.Edizioni-Gabriele.com

Titolo originale tedesco:
„Reinkarnation. Eine Gnadengabe des Lebens"

Per quanto riguarda il contenuto
fa testo l'edizione in lingua tedesca
Traduzione autorizzata da
© Gabriele-Verlag Das Wort GmbH

Nr. d'ordine S380IT
ISBN 979-12-80027-10-8

Indice:

Introduzione

"Cristianesimo Originario – pro o contro?" è
il tema trattato in una serie di tavole rotonde su
alcune domande di attualità della nostra epoca,
come per esempio "Catastrofe climatica – è ancora possibile salvare questo mondo?", oppure
"Perché Dio non interviene?" Nell'ambito di
queste tavole rotonde, nelle quali Gabriele*,
la profetessa e messaggera di Dio nella nostra
epoca, ha avuto un ruolo di centrale importanza,
gli eventi fondamentali della nostra epoca sono
stati esaminati alla luce del Cristianesimo Interiore, la Religione Interiore di Gesù di Nazareth,
che non ha nulla in comune con la struttura di
potere esteriore dell'impero ecclesiastico.

In questo contesto si è focalizzata una domanda: è possibile che nell'epoca attuale l'umanità debba portare le conseguenze di qualcosa
che ha provocato lei stessa? Rendersi conto di
questa realtà sorprende comunque molto meno
del fatto che sembra ci siano soltanto poche

* Gabriele in tedesco è un nome femminile e corrisponde a Gabriella
  in italiano.

persone consapevoli che il loro comportamento distruttivo o indifferente nei confronti della natura e dei loro simili deve per forza avere delle conseguenze. Il modo di vedere le cose, purtroppo molto diffuso, basato sul motto "dopo di me venga pure il diluvio" dimostra una carenza disastrosa di conoscenza sulle correlazioni spirituali, in particolar modo per quanto riguarda il senso della vita dell'essere umano, la sua origine e la sua meta. In questo caso sono state tenute nascoste all'umanità importanti conoscenze spirituali che sono state portate sulla Terra da Gesù di Nazareth e si rifanno in parte ai grandi profeti dell'Antico Testamento.

Gabriele ha riassunto una parte essenziale di queste conoscenze in una frase: "Percepiamo di non essere di questo mondo, ma che il mondo è soltanto un luogo di passaggio per ognuno di noi, che siamo un mendicante o un re. Percepiamo di provenire dal Regno di Dio e che per mezzo del Cristo, grazie al Suo atto di redenzione, faremo ritorno alla Casa del Padre, al nostro vero Essere, come esseri puri dell'amore provenienti da Dio".

Cosa avviene dopo la morte fisica di una persona? La sua anima può incarnarsi di nuovo, in quali condizioni e con quale meta? Come mai nell'Occidente cristiano è scomparsa quasi ogni conoscenza sulla vita dopo la morte, in merito al karma e alla reincarnazione? Queste domande esistenziali dell'umanità hanno un'importanza fondamentale, soprattutto di fronte alla catastrofe climatica mondiale, poiché determinano il nostro atteggiamento non soltanto nei confronti della nostra vita, ma anche verso la vita che ci circonda.

In questo libro troverete un riassunto piuttosto concentrato di due tavole rotonde sui temi "La vita dopo la morte" e "Reincarnazione". Sulla base dei contributi portati da coloro che hanno partecipato a questi colloqui è stato redatto un testo unitario pieno di vita che coinvolge il lettore, che tratta tutte le domande più importanti non solo superficialmente, ma

approfondendole in un modo veramente unico grazie alla coscienza spirituale dischiusa di
Gabriele.

Gabriele-Verlag Das Wort

La vita
che io stesso ho scelto

Prima che io venissi in questa vita terrena,
mi fu mostrato come l'avrei vissuta,
e vidi preoccupazioni e afflizioni,
c'erano pene e un fardello di sofferenze,
vidi i vizi che mi avrebbero preso,
gli errori che mi avrebbero tenuto prigioniero,
l'ira affrettata e il rancore,
l'odio, l'orgoglio, la presunzione e la vergogna.

Ma c'erano anche le gioie di quei giorni
pieni di luce e sogni,
senza alcun lamento, né sofferenza,
e ovunque doni zampillanti dalla fonte.
Dove l'amore, a chi è ancora
legato nella veste terrena,
dona la beatitudine dell'essere libero da tutto,
dove l'uomo, libero da ogni sofferenza umana,
pensa come un eletto dal sublime Spirito.
Mi venne mostrato il male e il bene,
mi vennero mostrate tutte le mie mancanze,

la ferita che mi avrebbe fatto sanguinare,
e mi venne mostrato l'aiuto degli angeli.
E al che vidi così la mia vita futura
sentii un essere che mi chiese
se avessi il coraggio di viverla,
poiché ormai era giunta l'ora di decidere.

E soppesai ancora una volta tutte le cose peggiori
e poi risposi con voce decisa:
"Questa è la vita che voglio vivere"
e mi caricai in silenzio del mio nuovo destino.
Così nacqui in questo mondo,
e così avvenne che entrai nella nuova vita.
Non mi lamento, se spesso non mi piace,
perché l'ho accettata già prima di nascere.

(Autore sconosciuto, anche se il testo viene attribuito a
Hermann Hesse)

N.B. Il testo originale è in rima. La traduzione riporta soltanto
il significato dei versi in prosa.
Titolo originale "Das Leben, das ich selbst gewählt".

Da dove proveniamo?
Dove siamo diretti?

Molte persone non si pongono nemmeno più queste domande, ma si accontentano di sapere di essere state concepite dai loro genitori e di dover ora affrontare alla meno peggio la vita, senza riflettere molto sul senso della propria esistenza. Si vuole raggiungere il successo e godersi possibilmente la vita. È chiaro che un giorno moriremo. Quello che accadrà dopo rimane qualcosa di oscuro per la maggior parte delle persone, sempre che credano in una vita dopo la morte.

Da dove proviene questa indifferenza, come mai la nostra coscienza è così annebbiata? Le risposte date dalle chiese alle domande fondamentali della vita sono state forse così insopportabili che si è preferito non sapere affatto qual è la nostra origine e dove siamo diretti? Secondo la dottrina ecclesiastica, infatti, l'anima dell'essere umano si forma nel momento del concepimento. Il destino di quest'anima verrebbe poi determinato nel corso di una sola vita terrena che può essere più o meno breve. Se il bambino è stato battezzato, entrando così a far parte della chiesa, si afferma che tutto dipenderà da come seguirà gli insegnamenti ecclesiastici quando sarà cresciuto o diventerà adulto, e se riceverà i sacramenti somministrati dai sacerdoti. Se questo non avviene, la sua anima rischia di essere dannata in eterno: *"Se alcuno rigetta ogni tradizione ecclesiastica sia scritta, sia non scritta: sia condannato"* (Neuner-Ross, *"La fede della chiesa nei documenti del magistero ecclesiastico"*, pag. 56).

E, secondo l'insegnamento cattolico, chi è "condannato" deve soffrire in eterno nel fuoco dell'inferno. La chiesa *"... crede fermamente, professa e annunzia che non può diventare partecipe della vita eterna 'alcuno che sia fuori della Chiesa cattolica, quindi non solo i pagani', ma neppure i Giudei o gli eretici o gli scismatici; ma che andranno nel fuoco eterno, che è stato preparato per il diavolo e per gli angeli suoi, se prima della fine della vita non saranno stati aggregati alla medesima (chiesa)"* (loc. cit., pag. 270).

Anche per chi non accetta questo incredibile messaggio minaccioso e non lo prende sul serio, resta comunque un'assurdità il fatto che settanta oppure ottant'anni di una vita terrena possano determinare un'eternità. Altrettanto assurdo è il fatto che un'anima immortale possa essere creata da genitori mortali.

Reincarnazione – una conoscenza che risale all'origine dell'umanità

L'insegnamento della reincarnazione è invece molto più logico e la fede nella reincarnazione è antica quanto l'umanità. Secondo lo psicologo C. G. Jung essa fa parte degli "archetipi" della conoscenza umana. Più della metà dell'umanità considera del tutto naturale sia la legge di causa ed effetto sia che esista la possibilità di incarnarsi ripetutamente. Questi aspetti sono contemplati da tutte le culture e non soltanto in Oriente, per esempio nel Buddhismo e nell'Induismo, come molti credono. Le cosiddette chiese cristiane condannano la reincarnazione, considerandola un insegnamento orientale, mentre d'altra parte ricorrono alle tecniche di meditazione delle religioni orientali, inserendole nella loro istituzione. Tutto questo dimostra l'incoerenza della chiesa.

Inoltre anche quello che afferma non è esatto. Il pensiero della reincarnazione faceva infatti parte della filosofia greca, era conosciuto da Pitagora e Platone; era presente in Egitto e ci furono continuamente grandi personaggi, poeti e filosofi che consideravano ovvia la possibilità di vivere più volte sulla Terra per purificarci. Al tempo di Gesù, la reincarnazione era un concetto presente anche nella fede del popolo giudeo.

Shalom Ben Chorin, ebreo studioso di religioni, scrive: *"È chiaro che il pensiero della reincarnazione faceva parte della fede del popolo giudaico al tempo di Gesù ... Per questo la gente pensava che Gesù fosse uno dei profeti dell'antichità che era ritornato (Lc 9, 8 e 19). Nel Talmud si trovano spesso considerazioni insolite che fanno dedurre la possibi-*

lità di una trasmigrazione delle anime o della fede nella reincarnazione, come per esempio la frase: 'Mordechai è Samuele!', con la quale si intende che il giudeo Mordechai, zio della regina Ester, sarebbe stato la reincarnazione del profeta Samuele ..."[1]

Anche nel periodo del Cristianesimo delle Origini venivano passati di mano in mano numerosi scritti nei quali il pensiero della reincarnazione era scontato.

Per esempio, nella *Pistis Sophia*, uno dei vangeli apocrifi (= nascosti), nel quale Gesù, riferendosi a un'anima ritornata dall'aldilà in un corpo umano, afferma che l'anima beve da un "calice l'elisir che fa dimenticare"[2].

La falsificazione della Bibbia e le sue conseguenze

Tuttavia questi scritti, come molti altri, non furono accolti nel canone ufficiale della Bibbia ecclesiastica. La nascente chiesa basata sul potere, che non fu fondata da Gesù di Nazareth, iniziò per la prima volta verso la fine del II° secolo a dare la priorità a determinati testi rispetto ad altri. Il processo di selezione mirata degli scritti (canonizzazione) si concluse soltanto verso la fine del IV° secolo.

Girolamo (345-420), l'estensore dell'attuale Bibbia, ricevette nel 383 da Papa Damaso il compito di redigere un testo biblico unitario in lingua latina. Fu così che nacque la cosiddetta Vulgata, la Bibbia latina che viene presentata ancora oggi al popolo ingenuo come parola di Dio priva di errori. Tuttavia Girolamo aveva a disposizione un testo di base tutt'altro che unitario. Oggi si conoscono circa 4860 manoscritti greci del Nuovo Testamento, tra i quali nemmeno due coincidono tra loro. I teologi oggi arrivano a contare ca. 100.000 varianti diverse. Girolamo, che con il suo lavoro modificò i Vangeli in circa 3500 punti, a suo tempo scrisse al Papa: *"Si troverà qualcuno… che non mi accuserà a gran voce di essere un falsificatore sacrilego dissacratore della religione, poiché ebbi l'ardire di aggiungere o di cambiare o di migliorare qualcosa nei testi antichi, nei Vangeli?"*

Quello che conta è comunque: *cosa* tralasciò e *cosa* aggiunse? E *cosa* cambiò? Si può presumere che Girolamo subisse da un lato la pressione del suo committente, il papa, e dall'altro lato aspirasse a compiacerlo e a fare carriera all'interno della curia; tralasciò quindi molti aspetti dell'insegnamento del Cristianesimo Originario che erano molto diffusi fino al IV° secolo e che anche Girolamo conosceva bene. Questo vale soprattutto per la conoscenza della reincarnazione e della preesistenza dell'anima. Girolamo sapeva bene che la reincarnazione faceva parte dell'insegnamento del primo Cristianesimo. In una lettera, egli scrisse a proposito di Origene (185-254), maestro del primo Cristianesimo, che questi insegnava che l'anima dell'essere umano *"cambia il suo corpo"* *(Epistula 16)*. E in un'altra lettera si legge: *"L'insegnamento della reincarnazione fu annunciato fin dai primissimi tempi come fede tramandata"*[3].

Un altro esempio: Girolamo conosceva anche l'importanza dell'alimentazione vegetariana nella vita dei primi Cristiani. Nemmeno questo aspetto venne inserito nei testi ufficiali della Bibbia, nonostante Girolamo stesso fosse vegetariano e testimoniasse che: *"Fino al diluvio non si conosceva il piacere dei pasti a base di carne. Ma dopo questo evento ci è stata riempita la bocca di fibre e di secrezioni maleodoranti della carne degli animali … Gesù Cristo, che venne quando fu compiuto il tempo, ha collegato la fine con l'inizio. Pertanto ora non ci è più consentito di mangiare la carne degli animali"*[4]. In un altro punto della stessa lettera si legge: *"E così vi dico: se volete essere perfetti è necessario, … non mangiare più carne"*[5].

La falsificazione storica della Bibbia da parte della chiesa, che ebbe il suo apice con Girolamo, ha trascinato l'umanità in un abisso che oggi si evidenzia più che mai. Dopo che questa e altre conoscenze antiche del Cristianesimo Originario furono messe a tacere, per tutte le creature che vivono su questa Terra e per la Terra stessa ebbe inizio una catastrofe spirituale inimmaginabile, il cui influsso fatale arriva fino ai nostri giorni, nella vita di noi tutti. Infatti, quale corso avrebbe seguito la storia, se gran parte dell'umanità avesse saputo che le azioni negative ricadono prima o poi, in questa o in un'altra vita terrena, su chi le ha compiute, se non se ne pente e non chiede perdono in tempo? Ci sarebbero veramente state, per esempio, così tante guerre "in nome di Dio" e la natura sarebbe stata sfruttata senza scrupoli, con le conseguenze che stiamo sperimentando oggi?

La reincarnazione nella Bibbia

Nonostante i testi biblici siano stati massicciamente manipolati, tra le righe sono rimasti alcuni accenni che possono dare, a chi legge con attenzione, indicazioni sulla realtà della reincarnazione e sulla preesistenza dell'anima. Questi passi sono stati forse dimenticati nel momento in cui si è "depurata" la Bibbia?

Per esempio, nel *libro della Sapienza (cap. 2)* si descrivono i "pensieri errati" degli "empi", ossia di coloro che si allontanano da Dio. Uno di questi "pensieri errati" è descritto come segue: *"La nostra esistenza è il passare di un'ombra e non c'è ritorno alla nostra morte, poiché il sigillo è posto e nessuno torna indietro".* Viceversa, si potrebbe quindi trarre la conclusione che è un pensiero "giusto" credere di poter fare ritorno dopo la morte terrena. Nello stesso libro *(Sap 8,19)* si trova anche un'indicazione chiara in merito alla preesistenza dell'anima. Salomone, che scrisse questa parte della Bibbia, dice di se stesso: *"Ero un fanciullo di nobile indole, avevo avuto in sorte un'anima buona o piuttosto, essendo buono, ero entrato in un corpo senza macchia."*

Anche nel Nuovo Testamento si trovano indicazioni sulla reincarnazione. Gesù dice, per esempio, di Giovanni Battista: *"Egli è quell'Elia che deve venire"* (Mt 11,14); e in seguito: *"Ma Io vi dico: Elia è già venuto, ma non l'hanno riconosciuto; anzi, l'hanno trattato come hanno voluto"*

(Mt 17,12). In un altro passo ancora, Gesù chiede ai Suoi discepoli: *"La gente chi dice che Io sia, il Figlio dell'uomo?"* E i Suoi discepoli risposero: *"Alcuni Elia, altri Geremia o qualcuno dei profeti"* *(Mt 16,13 ss)*. Essendo Giudei, i contemporanei di Gesù partivano dal presupposto che l'anima si potesse incarnare più volte.

Nel testo originale greco della lettera di Giacomo (3,6) compare addirittura il concetto di *"ruota della rinascita"*: *"La lingua è la parte che contamina tutto il corpo e incendia la ruota della rinascita"*. Questo significa che, se non controlliamo la nostra lingua, poniamo delle cause che possono avere come conseguenza ulteriori incarnazioni. In ogni caso, chi apre oggi la Bibbia troverà una sorpresa: questo concetto viene tradotto in modo fuorviante, per esempio da Lutero con le parole *"tutto il mondo"* o, nell'edizione unitaria, come *"il corso della vita"* (Potete trovare ulteriori esempi nella rivista „*Der Theologe*", Nr. 2 „*Reinkarnation*", *www.theologe.de/theologe2.htm*).

Se si interpellano i teologi su queste indicazioni, essi fanno in genere riferimento a un passo nella lettera agli ebrei (9,27) che, secondo loro, si esprimerebbe in modo chiaramente contrario alla reincarnazione: *"E come è stabilito che gli uomini muoiano una sola volta, dopo di che viene il giudizio, così Cristo, dopo essersi offerto una volta per tutte allo scopo di togliere i peccati di molti, apparirà una seconda volta, senza alcuna relazione col peccato, a coloro che l'aspettano per la loro salvezza."* Tuttavia, se si esamina più attentamente questo passaggio, ci si accorge che è stato falsificato con delle aggiunte apportate successivamente: *"una sola volta ... sacrificato ... togliere i peccati ...".* Infatti, se si tolgono queste parole aggiunte e si traduce il testo in modo grammaticalmente più preciso, ne risulta una frase con un significato completamente diverso: *"Finché gli uomini sono destinati a morire, dopo di che viene il giudizio, così Cristo apparirà a coloro che l'aspettano per la loro salvezza"*[6].

Questo significa: finché l'essere umano continua a morire, ovvero finché resta legato alla ruota della rinascita, il Cristo lo assisterà, se si orienta su di Lui con una vita ricolma di Dio.

Un frase considerata come una prova contraria alla reincarnazione, esaminata in modo logico, si trasforma d'un tratto in una conferma *per* la reincarnazione. Infatti, se non fosse esistito il pensiero della reincarnazione, la frase *"finché gli uomini sono destinati a morire"* non avrebbe senso.

L'anatema contro Origene

Quanto fosse vivo l'insegnamento della reincarnazione nel periodo del primo Cristianesimo, prima che cadesse vittima di un complotto della casta sacerdotale, viene dimostrato in modo esemplare dal grande maestro del primo Cristianesimo Origene (185-254), al quale abbiamo accennato. Egli fu senza dubbio il più noto e importante maestro dell'antichità cristiana. Le sue conoscenze e la sua vita hanno rischiarato con la loro luce tutta la zona del Mediterraneo per più di tre secoli.

Origene, chiamato Adamantio, fu per esempio il primo a sottoporre a un esame critico le scritture dell'Antico Testamento e i testi evangelici che aveva disposizione, confrontando le traduzioni in diverse lingue. In questo (e in molti altri aspetti) anticipò la scienza di circa 1700 anni!

Come molti altri Cristiani delle Origini, anche Origene fu vittima della persecuzione contro i Cristiani iniziata nel 250 dall'imperatore Decio in tutto l'impero. Morì quattro anni più tardi per le conseguenze delle torture subite. Come tutti i Cristiani delle Origini, anche Origene conosceva la realtà della reincarnazione. Nel suo commento a Giovanni, Origene scrive che *"il concetto della reincarnazione è certamente evidente"*[7]. E nel suo commento alla storia biblica di Giacobbe ed Esaù si legge: *"Dobbiamo presumere che egli [Giacobbe] sia stato preferito al fratello grazie ai meriti di una vita precedente"*[8].

Anche la preesistenza dell'anima faceva parte delle conoscenze diffuse da Origene.

Diamo la parola a un contemporaneo di Origene (185-254),ovvero il vescovo Cirillo di Alessandria che racconta: *"Poiché egli, [Origene], afferma che le anime esisterebbero prima dei corpi e che caddero dalla Santità in passioni malvagie, allontanandosi da Dio; per questo motivo Egli le avrebbe condannate e inviate in un corpo, e nella carne esse sono come imprigionate"*[9].

Origene visse tuttavia in un'epoca in cui era in pieno corso la trasformazione del Cristianesimo Originario in un'istituzione di potere basata su riti esteriori e usanze riprese dal paganesimo. Fu duramente attaccato già mentre era in vita e, dopo la sua morte, le sue posizioni furono continuamente oggetto di aspre dispute, tanto che anche coloro che erano dalla sua parte persero sempre più di vista le sue affermazioni originarie. Persino Rufino (345-410), che tradusse successivamente i suoi testi (dal greco al latino) ammette:

"Non ho tradotto ciò che sembrava essere contrario alle altre affermazioni di Origene e alla nostra fede, ma l'ho tralasciato, considerandolo come se fosse stato inserito e falsificato da altri" e inoltre *"aggiungendo come spiegazione altro che abbiamo*

trovato in modo più chiaro in altri libri da lui scritti sullo stesso argomento "[10]).

Verso la fine del quarto secolo, gli scritti di Origene erano già stati falsificati; furono inoltre sistematicamente distrutti da rappresentanti della chiesa[11]. Oggi esistono soltanto pochi scarni frammenti dei suoi scritti originali. Ciò nonostante, la dottrina di Origene si diffuse in gran parte dell'Europa tramite Ario (ca. 260-336) e Wulfila (313-383) come *"Arianesimo"*. Questa "eresia" fu una spina nel fianco per la chiesa che per questo istigò l'imperatore d'oriente Giustiniano (ca. 482-565) a condurre una guerra contro gli Ostrogoti in Italia, che seguivano la religione ariana, e a sterminarli quasi completamente. Per preparare questa guerra, in un sinodo tenuto dalla chiesa d'Oriente nel 543 a Costantinopoli, Giustiniano fece vietare la dottrina di Origene, per quanto fosse ancora conosciuta a quell'epoca, con nove anatemi di stampo marziale, che sfociano nella frase: *"L'anatema colpisca Origene ... come tutti i suoi insegnamenti riprove-*

voli ed esecrabili e chiunque pensi o difenda queste cose o osi rappresentarle in uno o nell'altro punto in qualsiasi momento"[12)].

In questi anatemi non fu espressamente nominata la reincarnazione, ma la preesistenza dell'anima e il *"ripristino di tutte le cose"*, ovvero l'insegnamento che un giorno tutti gli esseri umani e tutte le anime avrebbero fatto ritorno a Dio e che, pertanto, non esiste alcuna *"dannazione eterna"*. In questo modo fu distrutta la base della dottrina della reincarnazione presente nel Cristianesimo Originario. E perché avvenne? Perché credere nella reincarnazione libera la persona da tutti i dogmi e precetti ecclesiastici. Dieci anni dopo, questi anatemi furono confermati con il Concilio di Costantinopoli (553) e ne furono aggiunti altri sei.

Le conseguenze della soppressione della conoscenza della reincarnazione

In questo modo la verità proveniente dai Cieli fu ufficialmente occultata per molto tempo. Se Girolamo avesse inserito nella Bibbia la conoscenza della reincarnazione, presente sia nel Cristianesimo Originario sia negli scritti di Origene sia nei Vangeli apocrifi, dischiudendola così alla cultura occidentale, sicuramente la storia degli ultimi 1700 anni avrebbe seguito un altro corso.

L'umanità realizzerebbe ben altri valori etici e morali più elevati nella vita quotidiana. Infatti, conoscere la reincarnazione e la legge di semina e raccolta rende coscienti di essere responsabili per la propria vita e per il proprio comportamento. Forse la Terra potrebbe già essere un paradiso e sarebbe già potuto sorgere il Regno della Pace che Gesù, il Cristo, ci ha annunciato, perché gli esseri umani avrebbero vissuto in base ai Suoi insegnamenti e ai Suoi Comandamenti. Tuttavia, invece di insegnare la reincarnazione e l'amore di Dio per i Suoi figli, anziché spiegare che Dio dimora in ognuno di noi, che la vita è presente in ogni cosa e che la Terra è un luogo di prova per le anime che si sono allontanate da Dio – come Gesù, il Cristo, insegnò ai Suoi discepoli e quindi anche a noi – furono annunciati insegnamenti esteriori intrisi di sangue e intessuti di sacrifici risalenti all'età della pietra, oltre alla dottrina della dannazione eterna e di un Dio crudele che punisce. Fu istituito il papato, che il Cristo non ha mai voluto, e le falsificazioni della Bibbia e il potere del papato furono imposti all'umanità con la violenza, il fuoco e la spada.

Questa impostazione, voluta dalla casta sacerdotale regnante e dalle autorità terrene che ne sono succubi, dalla nobiltà e dai politici, contraddice ancora oggi l'operato del Cristo-Dio e non è quindi al servizio di Dio, bensì dei Suoi avversari.

La grave falsificazione della verità apportata dalla chiesa ha senza dubbio dato un'impronta duratura alla coscienza delle popolazioni occidentali, per non dire che l'ha avvelenata, coinvolgendo in questo modo anche grandi parti dell'umanità intera.

Questo decorso fatale ebbe inizio nel momento in cui la casta sacerdotale mise a tacere la parola profetica che era ancora viva nelle comunità originarie: *"E così abbiamo conferma migliore nella parola dei profeti, alla quale fate bene a volgere l'attenzione, come a lampada che brilla in un luogo oscuro, finché non spunti il giorno e la stella del mattino si levi nei vostri cuori"* (2 Pt 1,19).

La casta sacerdotale non sarebbe riuscita ad assumere il potere e quindi a stravolgere il Cristianesimo Originario nel suo contrario, se nei secoli precedenti l'umanità avesse creduto alla parola portata dai profeti nella Vecchia Alleanza e nell'Antico Testamento, e se avessero messo in pratica quello che Dio aveva insegnato per mezzo dei veri profeti dell'Antico Testamento. Se questo fosse avvenuto, la chiesa in seguito non avrebbe avuto tanto potere. I profeti furono invece sempre perseguitati, molti furono uccisi o subirono altre tragiche sorti. Ora si leggono i loro insegnamenti nelle scritture delle istituzioni ecclesiastiche. Si possono leggere, ma quanto hanno insegnato non viene vissuto. Pertanto sarebbe giusto chiedere: la chiesa insegna quello che ha portato Gesù?

Al contrario: nelle chiese Gesù è appeso come cadavere in croce. Questo non è altro che uno scherno nei confronti di Gesù, il Cristo, ovvero di Colui che ha portato a tutti noi la vittoria, la vita, e ha donato la risurrezione a ogni cuore che si rivolge a Lui. La croce con il corpo appeso, che non esisteva presso i primi Cristiani, viene usata dalla controparte per simboleggiare l'apparente sconfitta di Gesù, il Cristo.

Gesù insegnò l'amore per i nemici; Egli ammonì a non accumulare tesori in questo mondo che possono essere consumati dalla tignola e dalla ruggine; non istituì il sacerdozio né battezzò i neonati. Ci insegnò anche: *"Non chiamate nessuno 'padre' sulla Terra, perché soltanto Uno è vostro Padre, Colui che è nei Cieli"*. Questo è quindi l'insegnamento di Gesù, il Cristo.

Sulla croce il Cristo disse: *"È compiuto"*, ovvero è stato fatto. Egli portò a tutti noi esseri umani la luce del Padre, la forza della redenzione. Cosa vuole quindi la chiesa? A cosa dovrebbero servire i sacramenti? Perché dovremmo adorare tabernacoli, statue di santi, reliquie e chiamare una persona "santo padre", baciare un anello macchiato del sangue di così tante persone e anche degli animali? Perché dovremmo fare tutto questo, dal momento che il Cristo disse: *"È compiuto"*?

Anche in questo caso dobbiamo chiederci: quale colpa incommensurabile deve pesare su questa chiesa? Quante guerre non sarebbero mai state condotte? Quante sofferenze sarebbero state risparmiate alla natura e agli animali? Se l'insegnamento della reincarnazione e la consapevolezza che quello che l'essere umano semina ricade su di lui avessero trovato accesso nei cuori delle persone fin dai primi secoli dopo la venuta del Cristo sulla Terra, come sarebbe oggi la Terra? Nei nostri giorni dovremmo ancora parlare della distruzione del pianeta?

Ora è tuttavia giunto il tempo in cui il Cristo-Dio, tramite la parola profetica donata per mezzo di Gabriele, la profetessa istruttrice e messaggera di Dio per la nostra epoca, ha portato e spiegato di nuovo la reincarnazione all'umanità. Da più di 50 anni Dio, il buon Padre onnipotente, parla di nuovo ai Suoi figli. E, come Gesù annunciò 2000 anni fa, Egli ci conduce nella verità tutta intera per mezzo della parola profetica, nella misura in cui noi esseri umani siamo in grado di comprenderla.

Il messaggio dello Spirito del Cristo-Dio per tutte le persone in questa grande svolta dei tempi, i Suoi insegnamenti donati per mezzo di Gabriele contengono risposte dettagliate in merito alle domande fondamentali riguardanti la nostra esistenza, come per esempio: viviamo più volte sulla Terra? E se è così, perché e con quale scopo? Da dove proviene la nostra anima? Di quali caratteristiche è dotata quando si incarna? E dove va quando si sfila dal suo veicolo fisico? In quali condizioni si troverà poi? E inoltre:

verso quale direzione proseguirà il viaggio della nostra anima? A quale meta anela?

Reincarnazione – un "automatismo"?

Dato che il pensiero della reincarnazione non si addice ovviamente al concetto degli insegnamenti della chiesa, i teologi ecclesiastici hanno fatto della fede nella reincarnazione uno spauracchio, per poterla condannare più facilmente. Secondo loro, si tratterebbe di un "meccanismo" o di un "automatismo" che non sarebbe conciliabile con la dignità di essere umano e con la figliolanza di Dio. Tutto questo nonostante il pensiero della reincarnazione sia strettamente collegato con la legge di semina e raccolta, di cui parla anche l'apostolo Paolo, tanto venerato dalla chiesa: *"Non vi fate illusioni; non ci si può prendere gioco di Dio. Ciò che l'uomo semina, lo raccoglierà"* *(Gal 6,7).*

Viceversa, si può pertanto dire che l'uomo raccoglie ciò che ha seminato. Noi stessi abbiamo quindi provocato, eventualmente in una vita precedente, quello che ci capita in questa vita e ora abbiamo la possibilità di riconoscerlo e di sistemarlo con l'aiuto del Cristo-Dio. Non è forse una grande grazia? Possiamo essere grati che Dio ci doni continuamente una nuova possibilità per liberarci dalle nostre colpe e per purificarci, piuttosto di una sola vita che determina tutto per sempre, come afferma la chiesa.

Il principio della reincarnazione non ha nemmeno nulla a che fare con un'"autoredenzione" che renderebbe superfluo l'atto di redenzione del Nazareno. Al contrario, la forza di redenzione del Cristo-Dio ci permette di rialzarci ogni volta che cadiamo, di cambiare continuamente dall'interiore, di evolverci sempre più da un'incarnazione all'altra, adempiendo sempre più la Sua Volontà.

Lo Spirito di Dio
dimora in ogni essere umano

Il vero cristianesimo comporta essere cristiani assolutamente liberi. Vuol dire appartenere al Cristo, poiché Egli, Gesù di Nazareth, pregò la gente di seguire Lui. E seguirLo significa non soltanto accettare i Suoi insegnamenti, ma metterli anche in pratica nella vita quotidiana. Da questo deriva una "religione interiore", il cristianesimo interiore. Infatti lo Spirito di Dio è insito in ogni essere umano!

I veri cristiani sono consapevoli che ogni persona è il tempio di Dio e che lo Spirito di Dio dimora in essa. Quindi, dato che lo Spirito di Dio si trova nel profondo della nostra anima, i Cristiani delle Origini si rivolgono verso l'interiore. Pregano rivolgendosi al Cristo-Dio nella loro anima.

A cosa serve quindi una religione esteriore, un cristianesimo esteriore? A cosa servono chiese di pietra, se ogni persona è un tempio di Dio e ognuno può pregare rivolgendosi direttamente al Cristo-Dio? Eventualmente si può consigliare di ritirarsi in una stanza silenziosa e tranquilla, per interiorizzarsi, per pregare nel profondo, ma non è necessaria una chiesa sfarzosa di pietra per farlo. Già Gesù di Nazareth ce lo insegnò e ne è testimone uno dei Suoi allievi, Stefano, che disse: *"Ma l'Altissimo non abita in edifici fatti da mano d'uomo" (At 7,48)*.

Di conseguenza, dovremmo chiederci: perché ci sono così tante chiese di pietra con tesori inestimabili; perché esistono così tanti duomi e cosiddette "case di Dio" adornate d'oro? Rendiamoci conto che Dio non dimora in case di pietra, bensì in ogni persona.

La religione esteriore, la religione ecclesiastica, tiene legate le persone. Ha precetti, dogmi e riti. È un'istituzione fatta di culti e riti e, non per ultimo, un'istituzione che predica che chiunque non segua i riti e i precetti di fede sarebbe dannato in eterno da Dio (!), ovvero condannato a subire eternamente pene infernali, torture insopportabili, lontano da Dio. Nel Regno di Dio, invece, non esiste la dannazione eterna. Questo messaggio minaccioso della "dannazione eterna", che può essere paragonato a un insegnamento di odio, ha potuto esercitare il suo potere sui fedeli della chiesa soltanto perché essa, sopprimendo la conoscenza della reincarnazione, ha per così dire creato l'immagine di un Dio privo di misericordia, e getta gli esseri umani, i Suoi figli e figlie, in una sconsolata e oscura perdizione, senza speranza di aiuto.

Pertanto, se i teologi replicano che la reincarnazione sarebbe un "automatismo" e che non spetterebbe ai figli di Dio, si tratta di una vera assurdità. Infatti, si potrebbe allora affermare allo stesso modo che anche tutta la natura sarebbe un "automatismo". Noi esseri umani proveniamo dalla terra e apparteniamo alla Madre Terra, ossia alla natura. Se tutti i processi della natura fossero un "automatismo", questo sarebbe valido anche per la reincarnazione. Ma la natura non è un "automatismo" e quindi tanto meno la reincarnazione; si tratta piuttosto di una "legge naturale" che include la libertà di evolversi di incarnazione in incarnazione, per arrivare infine a non doversi più incarnare.

La natura ci è di esempio

Pensiamo alla primavera: la linfa sale dalla Madre Terra. Dagli alberi spuntano i germogli, si sviluppano i frutti che giungeranno a maturazione in estate. Nella tarda estate e in autunno, la natura porta i suoi frutti e il tardo autunno e l'inverno sono periodi di riposo. Questi processi non sono comunque un "automatismo", bensì un nascere per dispiegarsi, un ritirarsi per poi ritornare e donare di nuovo.

Analogamente è anche per noi esseri umani: quando il corpo fisico muore, l'anima può fare ritorno per adempiere quello che è previsto dalla Legge eterna: donare e ricevere; donare i frutti spirituali e ricevere vita eterna.

Se tuttavia la persona *non* ha realizzato queste Leggi della vita, l'anima è addirittura disposta in una certa misura a fare ritorno, per sciogliere sulla Terra gli aspetti umani, quello che blocca il donare e ricevere, fino a che non avrà imparato a donare dalla vita e a ricevere la vita, per poter tornare passo per passo nell'eterna Casa del Padre. Tutto questo non ha però nulla a che fare con un "automatismo", ma è unicamente la grazia di Dio. E in questa grazia non c'è posto per una "dannazione eterna" che tiene ancora molti fedeli della chiesa sotto il proprio influsso; essa è stata eliminata. E di conseguenza non servirebbe più nemmeno l'istituzione ecclesiastica che ha cercato per secoli di legare a sé le anime delle persone con la minaccia della dannazione e l'automatismo salvifico dei riti esteriori.

Chi, in veste di cattolico o di protestante, *non* crede nella reincarnazione dovrebbe credere automaticamente alla dannazione eterna, poiché, se un'anima si è incolpata gravemente, secondo gli insegnamenti della chiesa essa è dannata in eterno. Ma non per la grazia di Dio! Infatti, l'anima gravata di peccati ha la possibilità di fare ritorno per liberarsi passo per passo dalla sua colpa, per divenire libera per la vita che è Dio e per entrare nella vita che è Dio e quindi nella Casa del Padre.

Siamo forse marionette di un Dio crudele?

Da dove proviene in realtà l'anima? Secondo gli insegnamenti ecclesiastici, al momento del concepimento viene creata un'anima immortale. Ma da chi?

La dottrina ecclesiastica parte dal presupposto che, nel momento del concepimento, Dio contribuisca in un certo senso a creare quest'anima immortale. Volendo enfatizzare, si potrebbe anche dire che la chiesa mette Dio al servizio degli esseri umani per creare. Quando due persone si uniscono per generare un bambino, in questo atto del concepimento dovrebbe formarsi l'anima immortale, poiché Dio contribuisce a crearla.

Tuttavia, se Dio, al momento del concepimento, contribuisse a creare un'anima immortale, Egli, che è onnisciente, saprebbe anche che in seguito potrebbe condannare quest'anima alla dannazione eterna. Sarebbe veramente un Dio vendicativo!

Questo vale allo stesso modo sia per la chiesa cattolica sia per quella protestante. Per quanto riguarda la dottrina luterana, si aggiunge un altro aspetto: Lutero parte dal presupposto che Dio sappia fin dal principio quale delle anime generate e create in questo modo entrerà in paradiso e quale finirà all'inferno. Secondo gli insegnamenti di Lutero, la libertà della persona non esiste quindi veramente, ma l'essere umano è predestinato a vivere un certo destino che Dio conosce fin dal principio. Che Dio crudele!

Se fosse veramente così, non saremmo altro che marionette costrette a seguire in modo accondiscendente quello che un Dio imprevedibile ha pianificato per noi!

Per la dottrina luterana Dio cavalca in un certo senso l'anima umana e toglie a quest'anima – che è completamente in Suo possesso – la libertà di decidere autonomamente. Si può pertanto osservare che la dottrina luterana nega la libertà e non può quindi conciliarsi con una costituzione liberale, per esempio con quella tedesca. Infatti, chi nega la libera volontà umana nega anche la libertà di scegliere tra il bene e il male, se seguire le Leggi di Dio – e anche le leggi umane – oppure no.

Se la dottrina di Lutero fosse giusta in questo senso, la normale logica umana ci indurrebbe a chiederci: ma se Dio ha già predestinato tutto per me, perché vado ancora in questa chiesa? Naturalmente anche i pastori evangelici si rendono conto di questo dilemma; per questo preferiscono tener nascoste queste cose piuttosto che spiegarle ai fedeli, dato che devono tener conto che le persone potrebbero anche far uso della capacità di ragionare donata loro da Dio.

La dottrina luterana trae la propria impronta soprattutto dalla frase di Lutero e di Paolo, secondo la quale sarebbe sufficiente la sola fede e non sarebbe quindi importante vivere un Cristianesimo pratico e concreto. A cosa mi serve però la mia fede "giusta", se appartengo a quella parte miserevole dell'umanità di cui Dio sa già che finirà all'inferno?

Paradossi a non finire! E per tutto questo pago anche tasse alla chiesa; per finire all'inferno, mentre coloro che predicano l'inferno stanno bene.

La maggior parte delle persone paga le proprie tasse alla chiesa senza rendersi conto di come sia la dottrina alla quale versano il loro tributo. E la chiesa luterana cerca di abbellire e di confondere più o meno questo insegnamento inaudito del suo fondatore. Solo pochi protestanti sanno quale insegnamento basato su un grande disprezzo per gli esseri umani Lutero abbia portato nel mondo, negando la libertà umana.

Da dove proviene veramente l'anima?

In origine l'anima era un essere spirituale puro, privo di colpa, e dimorava nel Regno di Dio. Ma alcuni esseri spirituali si allontanarono da Dio e caddero sempre più in basso; metaforicamente si potrebbe dire che precipitarono negli abissi. Questa caduta fu quindi provocata dalla ribellione contro Dio. Questi esseri divini della caduta volevano essere onnipresenti, volevano essere come Dio. Ma poiché esiste *un unico* Dio, *un'unica* Legge Assoluta che include ogni cosa, non è in fondo possibile ribellarsi contro di Lui. Chi si ribella deve subire gli effetti delle proprie cause, raccogliere quello che ha seminato.

Per questo, in seguito alla loro ribellione, gli esseri della caduta si raddensarono sempre più, passando da una dimensione spirituale, di sostanza sottile, a un'esistenza in una veste di sostanza grossolana, la materia. L'anima che si trova avvolta nella veste materiale, nel suo veicolo fisico, – come essere umano – è legata alla legge di causa ed effetto, che in fondo ha creato lei stessa. Fino a quando l'anima che si trova nel suo corpo fisico è assoggettata a questa legge deve porre rimedio anche al disordine che ha provocato nell'ordine cosmico con i propri errori. Si tratta in fondo di una cosa logica e chiaramente giusta. Non ci si può infatti aspettare da Dio – come sembrano fare i teologi – che faccia sparire come per magia il disordine che ogni singola anima ha provocato con il proprio comportamento umano e con i suoi peccati. Infatti Dio ha donato la libertà ai Suoi figli. E questa libertà, collegata alla legge di causa ed effetto, prevede che debba io stesso sistemare quanto ho provocato.

A cosa servirebbe se Dio ci togliesse semplicemente i nostri peccati? Per esempio, se rendesse pacifica una persona violenta e le togliesse quindi la sua colpa, quello che ha inflitto ad altri, senza che si ravveda, si penta e cambi, che cosa accadrebbe? Se la persona non riconosce se stessa e non si ravvede, non cambia; dopo poco

tempo ripeterebbe gli stessi errori, diventando
per esempio di nuovo violenta. E se Dio facesse
restare pacifica questa persona con la Sua forza,
l'essere umano non sarebbe forse soltanto una
marionetta?

Libertà significa responsabilità

La libertà che ci è stata donata da Dio comporta quindi una grande responsabilità per la
nostra vita. E questi due aspetti – la libertà e la
responsabilità – costituiscono una minaccia per
le chiese, poiché rischierebbero di esercitare sempre meno potere su persone libere che agiscono
in base alla propria responsabilità. Sempre più
persone si rendono conto che Dio è un Dio di
amore e libertà e non un Dio che punisce.

Ciascuno determina in fondo da sé se la
sua anima si incarnerà ancora o se farà consa-
pevolmente ritorno alla Casa del Padre. Per
questo l'Eterno ci ha insegnato i Dieci Comandamenti per mezzo di Mosè. Per questo Suo Figlio,

Gesù, il Cristo, è venuto sulla Terra. Egli ci ha insegnato l'amore di Dio e la via che riconduce al Padre. Con il Suo immenso amore per noi, ci ha portato la libertà e la luce. Rivolgiamoci al Cristo! Entriamo nel nostro tempio per pregare, poiché ognuno è il tempio di Dio. Atteniamoci ai Comandamenti e agli insegnamenti di Gesù nella nostra vita quotidiana e così eviteremo di reincarnarci ancora. Non dovremo più incarnarci, dato che dobbiamo farlo soltanto se i nostri peccati ci attirano di nuovo sulla Terra.

Tante volte si sente dire: "Reincarnazione? Non è un insegnamento cristiano!" Che *cos'è* cristiano allora? È cristiano fare ciò che ci ha insegnato Gesù. E se *non facciamo* quello che Gesù ci ha insegnato – pensiamo al Suo Discorso della Montagna o ai Dieci Comandamenti che Dio ha dato tramite Mosè – questo *non è cristiano*; è peccato e ci incolpiamo. E dove vanno le colpe? Penetrano nella nostra anima e determinano di conseguenza le vesti della nostra coscienza.

Le particole del corpo spirituale puro possono essere paragonate a perle spirituali splendenti.

Con il proprio modo di pensare e di agire negativo, l'essere umano adombra queste perle nella sua anima e trasforma la loro vibrazione a un livello inferiore.

Nel momento del decesso, l'anima si ritira a poco a poco dal nostro corpo fisico. Porta con sé queste vesti della coscienza gravate di colpe, che sono le forze di coscienza trasformate a un livello inferiore, ed è poi avvolta da questo fluido. Se l'anima ritorna in seguito a incarnarsi, non irradierà la luce pura nel corpo, ma questi involucri che sono, in un certo senso, "sostanze nocive" provenienti dalla nostra incarnazione precedente. Queste sostanze nocive, le "perle" adombrate, esercitano un influsso corrispondente nel nostro corpo, ci segnano, e in seguito determinano il mondo dei nostri pensieri e il modo in cui conduciamo la nostra esistenza.

Se viviamo in base ai Comandamenti di Dio e agli insegnamenti di Gesù, il Cristo, non dovremo più incarnarci. E perché no? Perché le "perle" sono pure, perché siamo in cammino verso la nostra Patria. La reincarnazione non è stata creata da Dio, ma da noi stessi, dato che ci siamo imbrattati. Abbiamo incolpato le nostre particole celesti con i peccati, con gli aspetti umani. Ci siamo immersi nelle ombre dell'ego umano, invece di muoverci verso la luce.

Per ripeterlo in parole chiare, possiamo dire che non è la Volontà di Dio che un'anima passi attraverso tante incarnazioni. La Sua Volontà è che l'essere umano in questa vita terrena, qui e ora, purifichi la sua anima e il suo corpo in modo da non doversi più incarnare.

Teniamo presente che la ruota della rinascita non è stata creata da Dio, ma da noi esseri umani! Dio non desidera altro che averci di nuovo presso di Lui, dato che siamo i Suoi figli e le Sue figlie.

La responsabilità dei genitori

Dalla Legge eterna della vita sappiamo che nel momento in cui viene generato un bambino, si avvicina un'anima dall'aldilà. Sappiamo anche che tutto è energia e che il simile attira il simile. I futuri genitori attirano un'anima che corrisponde a loro a livello di vibrazione. Nella maggior parte dei casi, questo significa che il bambino e i genitori devono sistemare qualcosa insieme; per questo motivo i futuri genitori hanno una grande responsabilità. Devono sapere che attirano un bambino che corrisponde ai loro geni. Anche l'anima del nascituro porta nella sua struttura di particole spirituali aspetti analoghi a quelli presenti nel materiale genetico dei genitori. È proprio per questa affinità che essa si incarna presso quelle persone che diventano poi i suoi genitori.

È possibile che, in una vita precedente, il figlio o la figlia fosse, per esempio, il padre o rispettivamente la madre di uno dei due genitori e che, come membri della famiglia, abbiano provocato insieme cause che ora li incatenano l'uno all'altro a livello karmico. Adesso hanno la possibilità di liberarsi insieme da queste catene: oggi, in questa vita, come padre, madre e figlio. Non appena questo è avvenuto, è possibile che il figlio segua la sua strada. Le persone coinvolte si ritrovano quindi in un primo tempo nella stessa famiglia per sistemare determinate cose, per liberarsi da una colpa, per purificare la propria anima secondo gli insegnamenti della vita e per compiere poi, il più presto possibile, ognuno per sé, gli ulteriori passi sulla via che conduce alla Casa del Padre. In realtà, dalla prospettiva della Patria eterna, i genitori e il bambino non sono altro che fratelli e sorelle, esseri divini dell'unità nell'eterno Essere.

Se i genitori fossero consapevoli di tali correlazioni spirituali, questo permetterebbe loro di avere un rapporto completamente nuovo con i figli e sicuramente di educarli in modo totalmente diverso. Si renderebbero conto di essere stati attirati da aspetti simili, di avere entrambi un compito comune da svolgere. Questo potrebbe costituire la base per un concetto educativo che porterebbe un grande sollievo sia ai genitori sia al figlio. Infatti, sia i genitori sia il figlio hanno la possibilità di liberarsi di quello che è accaduto nelle vite precedenti. In tal modo, le anime divengono più luminose e gli esseri umani più liberi, ed è più facile decidersi a compiere il passo successivo sulla via che conduce all'eternità.

La reincarnazione non comporta alcuna costrizione, bensì il libero arbitrio dell'anima! Quanto più un'anima uscita dal corpo è incolpata, tanto più viene attirata a incarnarsi di nuovo in un corpo umano. Quanto più luminosa diviene l'anima nel corpo di un essere umano, tanto meno penserà a incarnarsi di nuovo dopo il decesso del corpo, ma si impegnerà invece con tutte le sue forze per fare ritorno il più presto possibile nell'eternità, a Dio.

Non è un caso chi incontriamo

Quello che vale per il rapporto tra genitori e figli può essere riferito anche alle relazioni tra tutte le persone che si incontrano in questa incarnazione sulla Terra. Questo è senza dubbio un aspetto essenziale della reincarnazione: non è un caso quali persone incontriamo sul posto di lavoro, chi sono i nostri vicini, con chi ci troviamo nell'associazione sportiva ... Non è un caso se siamo in discordia con un vicino di casa o se abbiamo un rapporto migliore o peggiore con uno o l'altro collega. È possibile che ci incontriamo di nuovo per sfruttare l'opportunità di portare a termine compiti rimasti in sospeso da incarnazioni precedenti. E come? Prendendo sul serio i nostri simili, per esempio ascoltandoci veramente a vicenda, e soprattutto perdonandoci reciprocamente.

Già il solo fatto di prendere in considerazione la possibilità che una determinata antipatia nei confronti di qualcuno non sia da ricondurre al suo comportamento "poco gradevole", ma che sia già predisposta in me a causa di un'antipatia del passato, mi dà la possibilità di fare la pace più facilmente con il mio prossimo e di andare più d'accordo con lui. Se cerco coerentemente la mia parte di responsabilità in quello che accade, con il passare del tempo mi sarà sempre più chiaro che in fondo, in un'incarnazione precedente, ho posto io stesso la traccia per molte cose che mi accadono qui sulla Terra. Non deve trattarsi per forza della stessa situazione, ma è possibile che io abbia fatto del male ad altri con un comportamento negativo analogo e che ora debba incontrarli di nuovo.

Questo vale, in un contesto più ampio, per interi popoli o tribù che si scontrano. Alcuni grandi contrasti storici – per esempio tra il mondo islamico e il cristianesimo, come è avvenuto più volte nel corso della storia – potrebbero eventualmente essere ricondotti a lotte antichissime, a persone che furono già coinvolte in questi scontri in passato e che oggi si ritrovano a fronteggiarsi?

Conoscere la reincarnazione ci dà anche la possibilità di non dare così facilmente la colpa al prossimo, dicendo: "È così cattivo e malvagio". Forse percepiremo che potrebbe esserci qualcosa che va al di là della nostra vita attuale.

Un aspetto che potrebbe aiutare proprio le persone della nostra epoca moderna ad accettare l'insegnamento della reincarnazione è la conoscenza oggi ormai diffusa che nessuna energia va perduta. E vogliamo escludere questa possibilità proprio nel caso dei pensieri e dei sentimenti? Tutti i nostri sentimenti, pensieri e azioni dovrebbero sparire semplicemente nel nulla? Questo non è previsto dalla Legge di Dio.

Non è colpa di Dio!

Se teniamo conto che quanto che ci capita in questa incarnazione ha spesso cause risalenti a incarnazioni precedenti, vedremo anche Dio in una luce completamente diversa. Non accuseremo più così facilmente Dio per determinate "ingiustizie" che ci capitano, perché succedono proprio a noi, ma rifletteremo piuttosto, chiedendoci in che misura il destino che ci colpisce derivi forse da energie negative che abbiamo emesso noi stessi in passato, e che ora ricadono su di noi.

Dopo aver compreso queste correlazioni, non accuseremo più Dio di nulla. Se ci rendiamo conto che possiamo dar prova di noi stessi più volte su questa Terra e che siamo noi gli artefici del nostro destino, scompariranno il concetto di un Dio che agisce a propria discrezione e l'immagine del dio vendicativo presentato dalla chiesa che, quando accade un tragico evento, induce molti sacerdoti a presentare il Dio che punisce come fautore di quanto è accaduto.

Questo non significa però che siamo in grado di comprendere il destino di altre persone o che possiamo puntare il dito contro gli altri con presunzione, affermando che "l'hanno provocato loro stessi". Così facendo ci incolperemmo, senza tener conto del fatto che nemmeno noi sappiamo cosa può ancora capitarci in questa vita.

Il dio vendicativo è il dio che ci viene presentato dalla chiesa, ma non è il Dio dell'Universo, non è il Dio dell'Amore. Se consideriamo Dio come un dio vendicativo, la chiesa potrà trascinarci sotto il suo influsso. Se invece ci rivolgiamo al Dio dell'Amore, ci rivolgiamo a Colui che è nostro Padre, come esprimono in preghiera tutti i cristiani nel Padre Nostro. Allora non ci metteremo mai nelle mani di una qualsiasi altra persona o di un'istituzione ecclesiastica, ma andremo da Dio in noi, ci rivolgeremo a un Padre colmo di amore, al Cristo, il Redentore, che ci aiuta a trovare la via che conduce al Padre, alla Casa del Padre.

Sapere che noi stessi abbiamo portato con noi il nostro destino da incarnazioni precedenti ha anche altri aspetti positivi. Potremo infatti comprendere che ci viene offerta la possibilità di purificare la nostra anima e di fare ritorno alla Casa del Padre dopo la nostra esistenza terrena, ossia di ritornare nel Regno della luce, da dove proviene la nostra anima. Di conseguenza, riusciremo ad accettare molto più facilmente quello che ci capita.

Accettare il nostro destino – quindi non dare ad altri la responsabilità di quello che ci accade – non significa rassegnarsi o accettarlo passivamente! La nostra sorte non è scritta in modo indelebile; in tutta la vita non esiste alcuna stasi. Dio desidera che seguiamo i Suoi Comandamenti, le Sue Leggi, affinché possiamo stare bene. Non appena ci rivolgiamo a Lui e ci impegniamo a vivere sempre più secondo i Suoi Comandamenti, anche la nostra sorte potrà eventualmente cambiare, se è bene per la nostra anima.

Certamente di tanto in tanto ci ribelliamo; ci lamentiamo del nostro destino. Siamo esseri umani e non siamo perfetti. Anche se sappiamo di aver provocato noi stessi il nostro destino, inizialmente ci ribelliamo. Tuttavia, se conosciamo le correlazioni spirituali, prima o poi riusciremo a comprendere che possiamo superare con l'aiuto del Cristo-Dio ciò che ci fa soffrire, liberando così la nostra anima per ritornare nella luce come essere sano, gioioso, pieno di luce e perfetto.

Anche il seguente aspetto potrebbe apportare un cambiamento spirituale in noi: all'improvviso riusciamo a vedere più in profondità. Percepiamo nel profondo delle parole del nostro prossimo e siamo in grado di aiutarlo. Con i nostri sensi annusiamo, gustiamo e tocchiamo, ma la nostra percezione diviene sempre più chiara, più luminosa, più libera. Il mondo dei nostri sentimenti si dischiude e percepiamo sempre più che in noi c'è un essere di luce che chiamiamo anima, che respira, che può respirare in modo sempre più profondo, sempre più libero e trasmette impulsi a noi che siamo il suo involucro, dicendo: "Ricordati, ogni giorno, di sistemare gli aspetti umani e i peccati che la giornata ti mostra, e fai ritorno alla Casa del Padre tenendo la mano del Cristo-Dio. Compi un passo dopo l'altro con Lui, facendo quello che Dio vuole e non ciò che vuole qualcun altro, come per esempio la chiesa!"

È questa la libertà! Questa è la vita alla quale dovremmo aspirare. E cosa vuol dire veramente vita? La vita nasce forse in un certo momento? La "vita" conosce forse la morte? La vita è Dio, e Dio è eterno e così anche noi siamo la vita in Dio, eternamente.

La vita è Dio. E nessuno ci può togliere la vita, perché il Cristo-Dio è la Via, la Verità e la Vita. Se Lui, il Cristo, è la vita nell'Onnipotente, chi potrà togliercela?

Gli aspetti del mio prossimo che mi irritano si trovano in genere anche in me

Come sappiamo, non può esistere una reazione se prima non c'è stata un'azione e su questo principio è basata la legge di causa ed effetto, chiamata anche legge di semina e raccolta. Può succedere, per esempio, che ci sentiamo infastiditi da una persona che non conosciamo nemmeno: camminiamo per strada e ci viene incontro un passante. Lo guardiamo e ci sentiamo irritati. Qual è la causa? È possibile che incontriamo dieci passanti, li vediamo, li guardiamo negli occhi e in noi non si muove nulla. Ma l'undicesimo ci mette improvvisamente in agitazione, anche se non lo conosciamo nemmeno. Lo denigriamo oppure proviamo invidia nei suoi confronti. Cosa dice in questo caso la legge della reincarnazione? Non esiste una reazione senza un'azione! Dato che in questo caso si presenta una reazione, essa deve essere stata logicamente preceduta da un'azione.

Questa persona ha messo in moto qualcosa che si trova dentro di noi. Possono essere pregiudizi o pensieri negativi di altro genere che gli altri dieci passanti non hanno messo in movimento. Ma *perché* ci irritiamo proprio a causa di questo undicesimo passante? Perché l'energia della giornata odierna ci dice: "Stai incontrando qualcuno con il quale dovresti sistemare in pensieri le negatività che ora hai pensato su di lui".

Questo non significa, tuttavia, che dovremmo rivolgerci alla persona e parlarle di tutto questo, ma si tratta piuttosto di ammettere a noi stessi:

"L'energia della giornata mi ha rispecchiato qualcosa. Ora devo esaminare meglio quello che mi ha messo in subbuglio in questo modo, per riconoscere che ne sono io stesso una parte. È possibile che in passato io abbia pensato in modo analogo di una persona – anche se forse non si trattava proprio di questa persona che mi ha messo così in agitazione – o forse ho addirittura parlato o agito in modo analogo nei suoi confronti".

Perché non dovremmo dire al nostro prossimo che abbiamo pensato in modo negativo di lui? In genere egli non percepisce e non conosce i nostri pensieri. Se ne parlassimo con lui, le nostre parole susciterebbero in lui pensieri che non sarebbero favorevoli né per lui né per noi. Affidiamoci invece al Cristo, che agisce in noi e anche nel nostro prossimo!

Ora abbiamo la possibilità di sistemare gli aspetti negativi in noi, pentendocene, chiedendo perdono in silenzio e sforzandoci di non coltivare più gli stessi o simili pensieri. Se dovessero presentarsi di nuovo, rifletteremo ancora una volta su di essi. Tuttavia, se li eliminiamo passo per passo, la nostra anima diviene più luminosa e riusciremo a liberarci dalla cosiddetta ruota della rinascita, per proseguire la nostra strada verso Casa in sfere di luce più sottili.

Questo insegnamento non è forse meraviglioso? È un insegnamento che ci porta alla libertà e che proviene dall'amore del Dio Padre-Madre per i Suoi figli. Come sarebbe oggi il mondo se tante persone fossero a conoscenza di questo insegnamento e lo applicassero nella propria vita? Ci sarebbero persone con valori spirituali più elevati, con più chiarezza e consapevolezza. L'essere umano è invece diventato brutale e bellicoso, anziché essere pacifico. Ognuno pensa soltanto alle proprie necessità; pochi sono aperti per il prossimo.

Ciò che stiamo sperimentando su questa Terra è il raccolto di quello che abbiamo seminato noi esseri umani. In realtà l'essere divino in noi proviene dall'eterno Essere e dalla schiera di fratelli e sorelle della grande unità. Tuttavia come esseri umani non abbiamo accettato questa fratellanza. L'uno è contro l'altro e ognuno cerca di ingannare l'altro per il proprio vantaggio.

Quando affermiamo: "Io non sono contro il mio prossimo" dovremmo chiederci: come sono i nostri pensieri? Non sono forse in parte ancora contro il prossimo? Infatti anche i pensieri sono energie, forme energetiche; essi non sono "liberi", come si afferma spesso. I pensieri sono forze che si incidono nell'anima e quello che viene impresso determina il decorso della legge di semina e raccolta. Diveniamo ciò che imprimiamo nella nostra anima, e lo porteremo di nuovo con noi, come anima, nelle successive incarnazioni, fino a che non avremo sistemato tutti gli aspetti umani e del peccato incisi in noi. In questo modo si farà di nuovo varco l'essere spirituale e potremo compiere i passi successivi per ritornare nell'eterno Regno di Dio.

Perché Dio non interviene?

Molte persone si chiedono spesso: perché Dio non interviene? Dio ci ha dato il libero arbitrio! Quindi, dal momento che ci ha donato la libertà di decidere, come potrebbe intervenire nella nostra volontà umana, nella nostra testardaggine, nella nostra cattiveria oppure quando agiamo contro i Suoi Comandamenti? Siamo noi che lo vogliamo! Per questo non interviene. Nella Sua grazia, Egli ci dona tuttavia la possibilità di avvicinarci alla Legge eterna dell'amore, dell'unità e della libertà, sistemando i nostri aspetti umani.

Se esaminiamo il grande evento cosmico, riconosciamo che, in un certo senso, Dio è in realtà già intervenuto, non nella legge di causa ed effetto, ma lo ha fatto inviandoci Suo Figlio che ci ha portato la redenzione. E cos'è la redenzione? Non è altro che la luce nell'anima, e quindi la protezione per l'anima, che le impedisce di cadere sempre più in basso fino a dissolversi, come viene insegnato nelle religioni orientali.

Con il Suo atto di redenzione, Gesù, il Cristo, ci ha quindi portato la protezione per l'anima e la certezza di poter percorrere la via verso la Casa del Padre. Le nostre anime non possono più dissolversi, perché è presente questa protezione del Cristo-Dio, perché la luce del Cristo si trova nella nostra anima ed Egli ci ricondurrà prima o poi a Casa, quando ognuno di noi lo vorrà.

Dato che il Cristo ci ha portato l'atto di redenzione, come potrebbe esistere la dannazione eterna? In questo si può riconoscere ancora una volta l'ambiguità dei teologi. Secondo quanto affermano, il Cristo ci avrebbe "liberati" da tutti i peccati con l'atto di redenzione. Tuttavia, se tutti gli esseri umani fossero veramente stati liberati in una volta con il Suo "è compiuto", non avrebbero più alcuna colpa; ma allora perché in questo mondo ci sono ancora cattiveria, discordia, guerre, assassinii, omicidi, l'essere gli uni contro gli altri? Perché? Si tratta di peccati! Vediamo quindi che Gesù, il Cristo, non ci ha semplicemente tolto i peccati, come affermano le chiese. In realtà le cose sono state e sono diverse:

Egli ha donato alle nostre anime il sostegno energetico, affinché non possano dissolversi, ed è presente in noi come luce, forza, aiuto, affinché l'anima si purifichi e faccia finalmente ritorno nell'eterna Patria come essere spirituale puro. Pertanto quello che insegna la chiesa è assurdo.

Chi, invece, riconosce la reincarnazione come una verità accetta anche la legge della natura e la legge di semina e raccolta. Sa, e non potremo mai prenderne coscienza abbastanza, che la grazia di Dio consiste nel fatto che l'anima può ritornare in veste terrena, per sistemare quello di cui si è caricata come essere umano nelle incarnazioni precedenti. In fondo, le sono stati donati i Comandamenti di Dio e gli insegnamenti di Gesù, il Cristo, affinché possa divenire libera e ricevere di nuovo quello che gli esseri spirituali portano in sé: dare e ricevere, il movimento della vita.

Perché la chiesa nega questa realtà? Pensiamo in modo logico: se le istituzioni ecclesiastiche approvassero la reincarnazione, tutto il loro castello di carta dogmatico crollerebbe su se stesso, poiché la reincarnazione è una grazia di Dio. La reincarnazione esclude sia la "dannazione eterna", sia il "dio punitore". È una possibilità che viene offerta all'anima per liberarsi dalle sue colpe.

Può darsi che le chiese vogliano proprio evitare questa possibilità di liberarsi che Dio ha offerto all'umanità? Esse vogliono mantenere a ogni costo il loro potere sulle anime, anche se in realtà possono esercitarlo soltanto sulle persone che non hanno il coraggio di pensare. I dogmi e i precetti delle chiese rinchiudono in una gabbia l'anima, nella quale vive la scintilla divina, impedendo che il figlio di Dio si rivolga direttamente a suo Padre. Sono proprio queste barriere e queste delimitazioni dogmatiche che hanno fatto sì che l'insegnamento della reincarnazione presente nel primo cristianesimo venisse bandito dalla chiesa.

Dio dona libertà –
la chiesa insegna che "si deve"

Uno degli aspetti delle "conoscenze fondamentali" dell'umanità è che Dio è pieno di grazia per noi, rispetta la nostra libertà e ci indica sempre la possibilità di rivolgerci a Lui. Tuttavia, questo principio fondamentale della libertà è stato negato dai precetti delle chiese, che lo hanno sostituito con una struttura di paure che spinge la persona, presa da questi timori di un Dio considerato punitore, a rivolgersi alla chiesa anziché a Gesù, il Cristo, che disse: *"Venite tutti a Me, voi che siete affaticati e oppressi, Io vi voglio ristorare!"(Mt 11,28).* In realtà la chiesa alla fine non ristora nessuno. È soltanto Gesù, il Cristo, che ristora l'anima e l'essere umano con la forza della vita.

Se fosse stato Dio a legarci ai precetti della chiesa, a dogmi, riti e tradizioni, allora Egli potrebbe abolire i Dieci Comandamenti e gli insegnamenti di Gesù, il Cristo! Infatti, basterebbero i precetti della chiesa. In realtà però i

Comandamenti divini e gli insegnamenti portati da Gesù, il Cristo, non solo *non sono a favore*, ma sono addirittura *contro* i precetti, contro le tradizioni, contro tutta l'impalcatura di insegnamenti dell'istituzione ecclesiastica. La chiesa dice "devi fare" e parla della dannazione eterna; i Comandamenti di Dio ci dicono invece "dovresti fare". Egli ci lascia quindi la libertà di decidere noi stessi, e gli insegnamenti di Gesù, il Cristo, sono la mano che Egli porge incessantemente a noi esseri umani e che possiamo accettare con assoluta libertà.

I comandamenti della chiesa, invece, non sono in realtà dei "comandamenti", ma piuttosto costrizioni. Ma il Dio della libertà non conosce costrizioni. Anche nel Discorso della Montagna non si trova alcuna traccia di costrizione, e tanto meno di qualsiasi minaccia.

In fondo le chiese escludono i Dieci Comandamenti. Per il solo fatto di affermare che "si deve", esse si distaccano già dai Comandamenti, dalla mano che Dio ci porge e che dice: "dovresti".

I veri insegnamenti di Gesù di Nazareth sono stati oscurati dalla chiesa e dalle autorità ecclesiastiche nel corso dei secoli; sono stati tenuti nascosti all'umanità nella loro vera portata e profondità. Per questo Dio è intervenuto ancora una volta, inviandoci di nuovo un grande profeta istruttore nella nostra epoca. Tramite Gabriele, la profetessa e messaggera di Dio, è stato chiamato di nuovo in vita il Cristianesimo Originario e per mezzo di lei fluisce nel mondo una possente corrente del Cristianesimo Originario, la vera vita, in parola e anche nell'azione.

Dove va l'anima?

Noi esseri umani siamo esseri spirituali incarnati in un corpo fisico. Portiamo in noi un'anima e, nel profondo di essa, si trova l'essere divino che proviene da Dio. Dove va l'anima quando il corpo fisico muore?

Si tratta di una domanda fondamentale, di fronte alla quale la maggior parte delle persone brancola totalmente nel buio. Se leggiamo i necrologi nei giornali, possiamo riconoscere ogni giorno quanto l'umanità sia confusa davanti alla domanda: cosa avviene dopo la vita terrena?

Alcuni pensano che ci troveremo subito presso Dio. Altri pensano che ci sarà una pace eterna e che il defunto continuerà a esistere senza alcun dolore. Oppure continuerà a esistere soltanto nelle opere che ha compiuto qui, o solamente nella memoria dei suoi posteri? Non si sa assolutamente nulla in merito.

Grazie alla profezia divina donata per mezzo di Gabriele, ci viene spiegato cosa avviene dopo la vita terrena: cambia soltanto il nostro stato di aggregazione. L'anima continua a vivere come ha vissuto qui sulla Terra, con tutte le sue caratteristiche positive e negative. Le porterà con sé e si troverà poi a chiedersi cosa voglia farne, se desidera evolversi nei mondi dell'aldilà, oppure incarnarsi di nuovo, caricandosi di una nuova vita sulla Terra che le permette di purificarsi più rapidamente, oppure perché si sente ancora fortemente attirata verso la materia.

I mondi dell'aldilà, dove le anime possono soffermarsi, sono costituiti da sistemi solari non totalmente raddensati, da mondi parzialmente materiali o di sostanza più sottile. Le anime dimorano nei mondi di sostanza più sottile che si trovano molto al di là del nostro cosmo materiale. Quando un corpo fisico decede, l'anima passa in una di queste sfere di purificazione, in questi sistemi solari di sostanza più sottile. In base a quello che è attivo nei suoi involucri dell'anima, ossia nelle "vesti dell'anima", essa si reca quasi automaticamente verso il pianeta nel quale sono memorizzati e attivi anche i suoi comportamenti negativi. Ne viene come attirata.

Come si sono formate queste sfere di purificazione, questi mondi di sostanza più sottile? E come si è formata la sostanza raddensata, la materia grossolana?

Dio è Amore e, quando ebbe inizio la caduta, diede da portare con sé ai cosiddetti esseri della caduta parti di astri spirituali che si ammantarono in modo corrispondente. Dopo essersi staccati dalla dimensione dell'Essere eterno, divennero i mondi della caduta. A quel punto non esisteva ancora la materia raddensata. In questi mondi della caduta si intrattenevano gli esseri ribelli. Ci furono continuamente messaggeri di luce che si recarono dagli esseri della caduta, cercando di riportarli indietro. Molti però non vollero tornare, perché si ostinavano a voler essere come Dio e, di conseguenza, si raddensarono sempre più. A causa del progressivo allontanamento di questi esseri dalla loro eredità divina, a poco a poco gli astri si raddensarono ulteriormente e si formarono i pianeti di sostanza grossolana, i sistemi solari grossolani, fino ad arrivare alla materia di cui è costituita la Terra, la dimora degli esseri umani, la base delle anime incolpate.

L'essere umano stesso non è altro che una veste dell'anima costituita da più strati, sostanza raddensata che risplende in base agli involucri dell'anima carichi di colpe. Per questo motivo i caratteri delle persone sono così diversi. I valori etici e morali dell'individuo sono a un livello molto basso, in confronto all'etica sublime della dimensione dell'Essere cosmico ed eterno.

Dopo la morte del corpo, l'anima passa quindi nelle sfere dell'aldilà. Se entra in sfere di purificazione a un basso livello, perché è molto incolpata, si trova ancora nella ruota della rinascita. Se l'anima è divenuta più luminosa, si è liberata dalla ruota della rinascita e sale in sfere più elevate, chiamate sfere di preparazione, per raggiungere passo per passo la Casa del Padre.

Tutti sanno che nessuna energia va perduta. Pertanto nemmeno l'energia dei nostri pensieri positivi o negativi va perduta, né quella delle nostre parole, delle nostre azioni e di tutto il nostro comportamento. Dato che le energie, siano esse positive o negative, hanno il loro effetto, diamo l'impronta alla nostra anima con queste energie. Quello che viene inciso a livello energetico rimane nell'anima anche dopo il decesso del suo corpo fisico. L'anima è avvolta da tutti questi aspetti che la segnano; questi strati che avvolgono l'anima vengono chiamati le "vesti" dell'anima.

Nelle sfere di purificazione, dove l'anima si reca dopo essere passata nell'aldilà, diviene attiva prima di tutto la veste dell'Ordine, che è la prima veste dell'anima. Il disordine presente in noi si irradia, perché vuole essere sistemato. All'anima viene spiegata continuamente questa "veste", questa colpa. L'anima si muove in questa veste fino a quando non diviene consapevole di poterla deporre.

Alcuni esseri divini, fratelli e sorelle spirituali puri, istruiscono l'anima e le danno aiuti per togliersi queste svariate vesti, i diversi aspetti umani e del peccato incisi in lei. Quanto più l'anima collabora per liberarsi dalle sue vesti nelle sfere di purificazione, tanto prima diviene più leggera e più luminosa.

Sarà poi l'anima stessa a decidere se continuare il suo processo di purificazione nelle sfere di purificazione o ritornare a incarnarsi, per liberarsi da quanto resta dei suoi peccati, perché sulla Terra ha eventualmente la possibilità di farlo più rapidamente. Oppure non si ravvede e dice: "Non credo a tutto quello che mi viene spiegato qui; mi sento attirata di nuovo verso la Terra". Può ritornare sulla Terra, in una nuova incarnazione, quando viene generato un corpo umano che corrisponde a quello che ha immesso, agli aspetti incisi in lei che sono attivi.

Anche se l'anima porta diverse vesti, ossia ha in sé colpe diverse, viene attirata sulla Terra da quello che è attivo in lei. Nell'universo materiale esiste già ciò che viene definita una matrice per il cammino che sta per iniziare sulla Terra; questa matrice è costituita dai diversi aspetti che l'essere umano ha immesso e indica già come saranno l'aspetto esteriore e lo sviluppo dell'anima nella sua esistenza terrena, come persona.

Da questo deriva che nella nostra vita terrena attuale determiniamo eventualmente già il corpo che avremo e il tracciato che seguiremo forse in una delle nostre future incarnazioni su questa Terra. Questo avviene in particolare se l'essere umano non si impegna a purificare l'anima, ma nella dimensione temporale continua ad agire contro la legge dell'amore, della libertà, dell'unità e della fratellanza. In tal caso si forma questa matrice: a livello energetico, nell'universo materiale prende forma un corpo per l'incarnazione successiva.

Come possiamo liberarci dalla ruota della rinascita?

Come possiamo liberarci da questo circolo vizioso costituito dal morire, dal nascere, dall'intrattenersi nei regni delle anime nell'aldilà, dal nascere di nuovo e poi morire ancora? C'è una fine a tutto questo?

Certamente! Cosa ci ha donato l'eterno Padre per mezzo di Mosè? I Comandamenti, in base ai quali possiamo esaminare i nostri pensieri e tutto il nostro comportamento. Sono in sintonia con i Comandamenti?

In seguito venne Gesù, Cristo, che ci ha donato la forza della redenzione. Con la Sua vita e i Suoi insegnamenti ci ha portato il Padre dell'Amore, affinché impariamo l'Amore che è il nostro vero essere. Ci ha insegnato il Discorso della Montagna. Ci ha dato indicazioni per la nostra vita nella dimensione terrena.

Gli insegnamenti di Gesù, il Cristo, sono il filo conduttore ideale per il nostro modo di pensare e di vivere nella vita quotidiana. Abbiamo quindi ricevuto dei criteri validi: i Dieci Comandamenti e gli insegnamenti di Gesù, il Cristo. Se seguiamo passo per passo queste indicazioni, la nostra anima si purifica.

Prima di tutto si fa sentire la nostra coscienza e diciamo, per esempio: "Continuo a comportarmi in modo contrario a quello che ha insegnato l'eterno Padre, contro i Suoi Comandamenti. Agisco in continuazione anche contro gli insegnamenti di Gesù, il Cristo. Così facendo incolpo la mia anima che mi chiama, dicendo: liberami!"

Se desideriamo veramente di cuore liberarci e fare ritorno alla Casa del Padre, tenendo la mano di Gesù, il Cristo, svilupperemo in noi il pentimento. Poi chiederemo perdono al nostro prossimo al quale abbiamo fatto del male. Oppure, se i nostri pensieri sono stati colmi di astio, chiederemo perdono in pensieri.

Se abbiamo fatto qualcosa che è contro la vita degli animali e delle piante, ossia contro la natura, abbiamo il dovere di chiedere perdono al Creatore, poiché sono le Sue creature. Egli perdona; e se poi non ripetiamo più le stesse o simili cose, la nostra anima si purifica e percepiremo che possiamo adempiere passo per passo le Leggi della vita, per esempio i Dieci Comandamenti.

Un principio semplice, ma molto efficace, potrebbe essere: non facciamo agli altri, né al nostro prossimo né agli animali o ai regni della natura, quello che non desideriamo che gli altri facciano a noi. Se agiamo secondo questo principio, la nostra anima si libererà passo per passo dalle sue colpe. La matrice, che abbiamo eventualmente già creato, si dissolve a poco a poco nel cosmo e ci avviciniamo sempre più alla nostra meta, alla Patria nella luce.

Tutto questo dimostra ancora una volta quanto sia assurdo parlare di un "automatismo karmico". Ognuno di noi può infatti determinare da sé quante volte si incarnerà ancora su questa

Terra. Nessuno è costretto ad assoggettarsi a un "meccanismo di espiazione", se fa quello che ci è stato insegnato da Gesù di Nazareth e che è stato riportato in vita dalla profezia della nostra epoca.

Grazie alla profezia divina donata per mezzo di Gabriele è stata fatta chiarezza in merito al tema così importante della "reincarnazione". Nel libro *"Parole di vita per la salute dell'anima e del corpo"*, basato su una rivelazione del Cristo data nel 1986, leggiamo: *"Un'anima può continuare a incarnarsi e a vivere più esistenze in veste umana fino a che – tramite l'autoconoscenza, la realizzazione e accettando il Mio atto di redenzione – non percorrerà la via spirituale della purificazione e nobilitazione del proprio basso ego, ingrandendo la luce redentrice che agisce in lei. Prima o poi, in questa o in altre vite terrene oppure come anima nelle sfere di purificazione, ogni anima e ogni essere umano dovranno purificare l'anima, per essere di nuovo immagini consapevoli dell'eterno Padre."* (pag. 122)

Questo significa, quindi, che non appena l'anima è divenuta più luminosa e non tende più a incarnarsi di nuovo sulla Terra, può purificarsi nelle sfere di purificazione che sono a disposizione delle anime nell'aldilà, per fare ritorno passo per passo alla Casa del Padre, alla sua eterna esistenza originaria, alla sua eterna Patria originaria.

Anche in questo caso possiamo riconoscere la mano che il Signore ci porge: non "devi" reincarnarti, a meno che non ti senti attirato dalla reincarnazione. Se nella coscienza dell'anima non c'è altro che il desiderio di ridivenire un essere umano, l'anima entra di nuovo in una veste terrena. Se, invece, l'anima ha compiuto un certo processo di purificazione ed è quindi divenuta più luminosa, percepirà sempre meno il desiderio di tornare sulla Terra. In questo caso dirà a se stessa: "Posso purificarmi anche come anima in una delle sfere di purificazione", ossia nobilitarmi. Tuttavia, nelle sfere di purificazione, per le anime il processo di nobilitazione è parecchio più difficile e più lungo, soprattutto se l'anima è molto incolpata. Per questo motivo essa tende molte volte a incarnarsi di nuovo, dato che nell'aldilà deve sopportare e subire come dolore e sofferenza quello che ha inflitto ad altri quando era in veste umana, deve vederlo e percepirlo in immagini; vede, per esempio, come ha trattato il suo prossimo, come lo ha fuorviato dal suo cammino, in che modo lo ha manipolato, influenzato e costretto a fare determinate cose, fino ad arrivare forse all'assassinio e all'omicidio. Per questo Gesù, il Cristo, insegna la pace.

Se sono attivi questi aspetti delle colpe, l'anima viene attirata di nuovo sulla Terra. Se invece è in gran parte ricolma di una vita in Cristo, come essere umano si mette in cammino sulla via verso la Casa del Padre. Non percepisce più i dolori che doveva sopportare come anima. In veste umana, grazie all'energia della giornata, ha riconosciuto quello che doveva sistemare e lo ha sistemato come essere umano, prima che subentrassero i dolori o la sofferenza, prima che si abbattesse una malattia sul corpo. In questo modo l'anima si purifica e si rivolge verso i Cieli, ossia verso la sua Patria, verso la sua origine.

Anche in questo riconosciamo la grazia del Signore: per mezzo dell'energia della giornata ci vengono dati impulsi – eventualmente già per mesi o addirittura per anni prima che subentri una sofferenza o si manifesti una malattia – che ci indicano che dovremmo pentirci di aspetti negativi e sistemarli, affinché quello che si trova nell'anima possa essere risolto in tempo e non dobbiamo subire la nostra sorte, ma la sciogliamo prima che si manifesti nell'esteriore. Non è forse una grazia?

È un insegnamento che infonde speranza, un insegnamento positivo e confortante. Come già detto, fu portato già nel III° secolo da Origene e fu poi condannato e bandito nel Concilio ecclesiastico di Costantinopoli nel VI° secolo. Non fu condannato soltanto l'insegnamento di Origene – ossia l'esistenza dell'anima già prima della nascita – ma anche il suo ottimismo, secondo il quale alla fine tutto sarebbe ritornato a posto e tutto avrebbe fatto ritorno a Dio. La chiesa ha condannato anche questo insegnamento, per poter minacciare le persone con l'inferno.

A quel tempo fu effettuato questo intervento demoniaco che portò una svolta con conseguenze molto gravi. Oggi lo Spirito divino si fa sentire e indica all'umanità che gli insegnamenti del Nazareno parlano della redenzione da ogni male umano, conducendo a un modo di pensare e di vivere nello Spirito di Dio. Egli ci dice che tutto ritornerà a essere puro, ossia "pulito", pieno di luce e di forza, come è stato creato da Dio, e farà ritorno a Dio.

Cosa compì il Cristo con il Suo atto di redenzione?

Perché è morto Gesù, il Cristo?

Con il Suo atto di redenzione fu impedita la dissoluzione di tutte le forme. Questo è un messaggio decisivo che è stato trasmesso di nuovo all'umanità soltanto per mezzo della profezia dei nostri giorni.

Il Cristo non morì, come viene descritto dalle chiese, quale agnello del sacrificio per un Dio irato, bensì per fedeltà al Suo mandato verso il Padre, dato che gli esseri umani non avevano accettato il Suo messaggio. Per impedire un ulteriore regresso dell'umanità, Egli mise a disposizione di tutte le anime e di ogni persona il Suo amore sotto forma di scintilla redentrice. In questo modo donò a ogni essere umano e a ogni anima la forza per fare ritorno a Dio in piena libertà. Non ha quindi compiuto un incantesimo, facendo sparire ogni nostra colpa, ma, con la Sua forza redentrice, ci ha dato la possibilità di divenire attivi noi stessi, rivolgendoci a Lui.

Gli esseri divini che si erano ribellati a Dio miravano alla dissoluzione di tutte le forme create da Dio, e quindi di tutti gli esseri divini, della natura dei Cieli, dei pianeti della Patria sui quali vivono gli esseri spirituali.

Gli esseri della controparte volevano anche la dissoluzione della dualità, che è il collegamento di due esseri spirituali che vivono in Dio e generano a loro volta esseri divini, per popolare ulteriormente il Regno di Dio, per continuare ad ampliarlo, ad attingere e creare per il Regno di Dio, per la Patria dei Cieli.

Alcuni esseri divini volevano quindi far scomparire tutto questo, ovvero l'Ordine e la Legge dell'Universo divino. Volevano riportare ogni forma creata nella Corrente originaria, dalla quale l'Eterno aveva creato forme spirituali, divine e pure, la Legge eterna e divina dell'Amore che aveva assunto forma. E *perché* lo volevano? Non volevano essere figli di Dio, bensì Dio stesso, onnipresenti e creatori.

Per impedire la dissoluzione delle forme, Gesù, il Cristo, ha impiegato una parte della Sua eredità divina spirituale e ha portato a ogni anima la luce dell'eterna Patria, avvolgendola in essa, in modo che non possa più essere dissolta. In questo modo il Cristo ha protetto la Patria, l'eterna Casa del Padre, e ha donato a ogni anima la via di ritorno nell'interiore, all'essere divino che era in origine.

Da quando il Cristo-Dio ha pronunciato il "compiuto" sul Golgota, l'avversario di Dio, il demone, ha perso il suo empio gioco. Il Cristo è stato il Salvatore ed è fino a oggi il Salvatore: da quando è avvenuto l'atto di redenzione di Gesù, il Cristo, non è più possibile che si dissolvano gli esseri divini e i doni della Creazione di Dio, le forme dell'Essere dei Cieli, donate dal Suo Amore. Per far questo Egli ha impiegato gran parte della Sua eredità divina che da allora si trova come scintilla di luce nella nostra anima. Questa scintilla di luce protegge l'essere divino in noi, l'anima.

Il Cristo non ci ha semplicemente tolto i nostri peccati. Tuttavia ci aiuta a riconoscerli, a pentircene, a sistemarli e a non ripeterli più. Egli aiuta ognuno di noi, insegnandoci ripetutamente a osservare i Comandamenti di Dio, a riconoscere profondamente e applicare i Suoi insegnamenti, il Discorso della Montagna, per poter in questo modo ridivenire puri e fare ritorno alla nostra origine, all'eterna Patria. Seguire il Cristo nei nostri pensieri, nelle nostre parole e azioni, rivolgerci in preghiera a Lui, lo Spirito dell'interiore, e instaurare una comunicazione con Lui è il significato della Religione interiore. Religione interiore, Cristianesimo interiore, significa quindi sfruttare le giornate secondo la Volontà dello Spirito eterno, rendere onore a Dio e compiere quindi la Sua Volontà.

La preghiera dell'unità, il Padre Nostro, inizia con le parole: *"Padre nostro, che sei nei Cieli, è santificato il Tuo nome. Viene il Tuo Regno e si compie la Tua Volontà, come in Cielo, così in Terra"*. Questo è stato espresso in modo assoluto da Gesù, il Cristo. Con queste parole Egli ci ha detto: farai di nuovo ritorno a Dio, grazie all'operato dell'eterno Padre per mezzo di Suo Figlio, tramite la redenzione.

Noi tutti faremo ritorno al Padre, dal Quale siamo scaturiti, perché in ognuno di noi c'è un essere di luce che ritornerà nella Casa del Padre. Infatti Dio non crea anime: Egli ha creato l'essere di luce che si trova nel profondo dell'anima. Essa si purifica, si nobilita, e che cosa si fa sempre più varco? Si manifesta l'essere di luce.

Ognuno di noi è il tempio di Dio. Dio dimora in noi. Quanto più adempiamo la Volontà di Dio, realizzando le Sue Leggi della vita, i Comandamenti e gli insegnamenti di Gesù, il Cristo, tanto più ci avvicineremo al nostro Padre dei Cieli, e con tanta più coerenza cammineremo tenendo la mano del nostro Redentore, per liberarci dalla ruota della rinascita ed entrare nel Regno di luce, facendo ritorno a Dio, a Colui che ci ha contemplati e creati fin dall'origine, dall'eternità!

Per noi esseri umani è un grande conforto sapere che dopo la vita sulla Terra – se abbiamo osservato i Comandamenti e le Leggi Dio – l'anima potrà iniziare il suo viaggio verso Casa, poiché anche il Cristo ci ha già promesso a senso: *"Nella Casa del Padre Mio vi sono molte dimore. Se no, ve l'avrei detto. Io vado a prepararvi un posto; quando sarò andato e vi avrò preparato un posto, ritornerò e vi prenderò con Me, perché siate anche voi dove sono Io. E del luogo dove Io vado, voi conoscete la via"* (Giov, 14,2).

Le dimore nella nostra Patria sono quindi libere; le nostre famiglie spirituali ci attendono.

Hanno nostalgia di noi; desiderano la grande unità cosmica nella Casa del Padre. E la Casa del Padre è il Regno di Dio infinitamente grande! La forza di Dio si irradia verso di noi; per questo sono venuti in continuazione profeti che hanno insegnato agli esseri umani: *"Cambiate! Rivolgetevi a Dio. Dio è Amore. Il Padre vi ama. Egli ama il figlio, la figlia che ha creato!"*

Sarebbe invece un Dio crudele se ci punisse o ci inviasse addirittura nella dannazione eterna! Ma non è così; Egli è nostro Padre che ci ama. Soltanto *noi stessi* possiamo condannarci. E in che modo? Entrando nelle sfere oscure dell'esistenza, lontano da Dio, a causa dei nostri pensieri, delle nostre parole e opere tenebrosi, che sono contrari alla Legge della vita, alla nostra vera eredità divina che è amore altruistico. Ma anche queste tenebre che noi stessi abbiamo causato non saranno mai eterne, poiché non esiste una dannazione eterna! Possiamo condurre una lunga esistenza nell'ombra, se preferiamo restare nell'ombra. Ma Dio è luce! La luce è Amore e l'Amore è calore: questo è Dio, nostro Padre!

Egli è il Dio Padre-Madre. Egli ci ama e ci chiama. Ci ha inviato Suo Figlio, il Coregnante dei Cieli, per donarci la Forza parziale della Forza primordiale, una parte della Sua eredità divina, affinché possiamo avere un sostegno lungo la via che ci riconduce a Casa nell'eternità. E questo sostegno è il Cristo, il nostro Redentore, la luce della redenzione in noi.

Molte persone hanno paura di morire; perché? In fondo non si tratta tanto della paura della morte in se stessa, ma hanno piuttosto inconsapevolmente paura dei propri peccati. Infatti, quando l'anima si sfila a poco a poco dal corpo che sta decedendo, qualcuno si rende conto di quello che ha provocato contro la sua vera vita, contro la sua eredità spirituale. È qui che si trova la radice della paura del decesso, della morte.

Desideriamo dire a tutti i nostri simili, che sono nostri fratelli e sorelle: non è possibile trovare sostegno, sicurezza e aiuto nell'esteriore! E tanto meno nelle istituzioni ecclesiastiche apparentemente cristiane. Per questo: uscite dagli edifici di pietra che vengono chiamati chiese! *Voi stessi* siete il tempio di Dio! E se Dio risplende in voi, se in voi c'è l'essere divino, se siete eredi del Regno di Dio, cosa dovreste fare? Pregare, e vivere i contenuti delle vostre preghiere. E così si compirà quello che sta scritto nel vostro cuore: voi siete vita eterna, contemplati dall'eterno Padre che vi ama, che vi chiama, che ha inviato Suo Figlio, nostro Fratello divino, affinché impariamo a comprendere che la forza divina è in noi e che noi – ognuno di noi – siamo il tempio di Dio. Nel profondo della nostra anima si trova il grande essere divino.

Quanto più ci purifichiamo, tanto più facile sarà il nostro decesso quando verrà la nostra ora, poiché percepiremo che il Cristo ci prende per mano e ci conduce passo per passo alla Casa del Padre. È finita con le incarnazioni: si va diretti nel Regno di Dio!

Fonti

1)   Bruder Jesus (Fratello Gesù), dtv-tascabili,
     München 1977, p. 25
2)   Il vangelo della Pistis Sophia, edito da
     C.M. Siegert, Bad Teinach-Zavelstein 1991,
     2a ed., p. 234
3)   K.O. Schmidt, „Kehret wieder Menschenkinder",
     (Fate ritorno figli umani) 1970, p. 42
4)   Lib. I, Adversus Jovinian
5)   Jovinianum II, 6
6)   H. Bauer, „Wiedergeburt" (Reincarnazione)
     2a ed. 1998, p. 127
7)   Origenes, Joh. comm. VI, 13.74
8)   Origenes, Peri Archon, II,9,7
9)   H. Bauer, „Wiedergeburt" (Reincarnazione)
     2a ed. 1998, p. 145
10) ibidem, p. 142
11) Robert Sträuli, „Origenes, der Diamantene",
     (Origene Adamantio), Zurigo 1987, p. 317
12) ibidem, p. 335

L'anima nel suo cammino verso la perfezione

Tramite Gabriele, la profetessa e messaggera di Dio nella nostra epoca, il Cristo-Dio descrive in modo dettagliato il cammino evolutivo dell'anima: i livelli di evoluzione – Ordine, Volontà, Sapienza, Serietà, Pazienza, Amore e Misericordia – che ognuno dovrà attivare dentro di sé, sulla Terra o nei mondi dell'aldilà dove l'anima continua il suo cammino. Un libro con descrizioni uniche sulla vita dell'anima nei mondi di sostanza sottile.

Pagg. 112, Nr. S 209, Euro 14,00

Da dove vengo? Dove vado? Il viaggio della mia anima

Un libro che dà una risposta alle 75 domande poste più frequentemente sulla vita dopo la morte: come avviene il decesso, esiste una vita nell'aldilà e come sarà il viaggio della nostra anima?
Altri aspetti riguardano l'assistenza delle persone in punto di morte, il karma e la reincarnazione, il vero senso e lo scopo della vita su questa Terra …

Pagg. 84, Nr. S 407, Euro 12,00

Questa è
la Mia parola
Alfa e Omega
Il Vangelo di Gesù

La rivelazione del Cristo
conosciuta oggi dai veri cristiani
in tutto il mondo

Chi era veramente Gesù di Nazareth? Come visse e cosa insegnò? Cosa c'è di vero in quanto ci è stato tramandato su di Lui? Che significato ha la vita di Gesù? Questa grandiosa rivelazione del Cristo va oltre il contenuto della Bibbia e dà una visione globale di ciò che avvenne in passato, del presente e di quello che accadrà in futuro.

Alcuni temi trattati: Infanzia e giovinezza di Gesù • La falsificazione degli insegnamenti di Gesù di Nazareth nei trascorsi 2000 anni • Senso e scopo della vita sulla Terra • La legge di causa ed effetto • Presupposti per la guarigione del corpo • Il Discorso della Montagna • Dio non castiga • L'insegnamento della "dannazione eterna" è uno scherno nei confronti di Dio • Gesù amava gli animali e si impegnò sempre per loro • In merito alla morte, alla reincarnazione e alla vita • Il vero significato della redenzione operata dal Cristo ... e molto altro ancora.

Edizione cartonata con un CD con un messaggio dall'Universo, pagg. 1064., Nr. S007, Euro19,00

Edizione tascabile (senza CD), pagg. 1064, Nr. S007TB, Euro 9,50

Valgono i prezzi dell'attuale listino in vigore

Richiedete il catalogo con tutti i libri, CD e DVD
e gli estratti gratuiti da libri su vari temi

Edizioni Gabriele – La Parola APS
Tel. 011 191 156 77 - e-mail: mail@Edizioni-Gabriele.com
www.Edizioni-Gabriele.com